DU

RECENSEMENT

DE 1846,

SOUS LE RAPPORT

DES SUBSISTANCES, DES ÉMIGRATIONS, DES IMMIGRATIONS, DES ENTREPRISES INDUSTRIELLES ET DES TRAVAUX D'UTILITÉ PUBLIQUE;

PAR

G. RAMBOT,

AUTEUR DE LA RICHESSE PUBLIQUE.

AIX

IMPRIMERIE D'AUBIN, SUR LE COURS, 1.

1847

RECENSEMENT DE 1846.

CHAPITRE Ier.

Augmentation de population.—Excédant des naissances sur les décès.
—Émigrations.

Le recensement de 1841 fut un sujet de troubles et de violences; les populations s'en effrayèrent, l'insurrection gronda; l'autorité déploya tour à tour la persuasion ou la force, et dans une grande cité elle céda devant le soulèvement populaire. En 1846, la même opération a été renouvelée sans exciter aucune méfiance, sans occasionner la moindre réclamation, et elle a passé inaperçue comme toute autre mesure administrative. Que conclure de cette différence, si ce n'est que les hommes sont de grands enfants, pleurant aujourd'hui de ce qui les fera rire demain, se passionnant un jour pour ce qui leur sera indifférent un peu plus tard?

> Car l'homme est ainsi fait, il va du blanc au noir,
> Il condamne au matin ses sentiments du soir.

Si l'on pensait que cette agitation, à propos d'un recensement, n'était qu'une suite de l'aventureuse politique suivie en 1840, nous dirions qu'il est malheureux que les grands enfants n'aient pas assez de sens pour résister aux entraînements du moment et qu'ils soient aussi prompts à se jeter dans le désordre sous de futiles prétextes. Nous parlons beaucoup de progrès, nous nous admirons avec complaisance. Oui, sans doute dans l'ordre matériel, dans les inventions et les raffinements de la vie, la société se perfectionne; mais en est-il de même dans l'ordre moral? Les masses populaires sont-elles plus capables de raisonner et de repousser les mauvaises suggestions? Nous disons non, et nous le disons avec douleur; car ces défauts incorrigibles, paraissant inhérents à leur nature, rendront toujours le gouvernement difficile et feront douter de la stabilité et du perfectionnement moral rêvé par les Platon, les Fénélon et les Condorcet.

Un recensement de la population, n'offrant à l'homme superficiel qu'un aride et dégoûtant tableau de chiffres, ouvre au penseur un champ infini de méditations. Les moralistes, les physiologistes, les économistes et les publicistes y puisent des enseignements plus solides que dans toutes les polémiques, que dans tous les discours inspirés par l'impression du moment. Un recensement jette la lumière non seulement sur le passé et sur le présent, mais encore sur l'avenir.

Le chiffre qui appelle d'abord notre attention, c'est celui de l'accroissement de population.

Total de la population	en 1841 :	34,240,178.
id.	en 1846 :	35,400,486.
Augmentation dans la période de 1841 à 1846 :		1,160,308.

Il est des écrivains qui chantent victoire quand ils peuvent constater la rapide multiplication de l'espèce. Ils voient en elle la force, la puissance et la richesse. Everett, en Angleterre, a été le père de cette doctrine qui est vraie dans certaines limites et fausse comme toutes les idées absolues. En effet, en toutes choses il y a un milieu; et si le nouveau monde, si Catherine dans son empire désert, si nos anciens rois dans la France dépeuplée cherchaient à activer la population, si dans ce but ils mettaient en œuvre les primes d'encouragement et les exhortations ecclésiastiques, nous sommes arrivés au point où toute augmentation est un embarras. Nous apprécions aussi la force et la puissance nationales, mais nous n'estimons pas qu'il faille se louer d'un surcroît de l'espèce qui rend les sociétés inquiètes et les masses ingouvernables; qui amène l'insuffisance des subsistances, qui cause bientôt des émigrations partielles et qui contraint enfin les peuples à s'expatrier en masse et à conquérir, par le fer et le feu, une terre nourricière; d'où il résulte que beaucoup de ceux qui crient tant au progrès, ne sont que des routiniers, et que plusieurs qui pensent y voir mieux que les autres, sont à peu près aveugles.

Parmi ces derniers, quelques-uns prétendent qu'il ne peut jamais y avoir trop de population, parce que les subsistances croissent avec elle et que, d'ailleurs, l'excédant peut toujours recourir à l'émigration. Sur le fait, il y a erreur, et dans le remède, il y a barbarie. Sans doute, dans un pays vierge, inculte et désert comme certaines contrées de l'Amérique ou de la Russie, l'arrivée d'un grand nombre d'hommes amène une production inaccoutumée. C'est ce fait remarqué dans les pays longtemps inexploités qui a induit certaines personnes en erreur; mais on conviendra qu'une augmentation de population ne peut être suivie d'une augmentation analogue de produits dans une contrée où l'industrie cherche, depuis longtemps, à tirer de la terre le meilleur parti possible. Ainsi, jetez en Suisse, en Angleterre et en Belgique dix ou quinze millions d'hommes de plus, et vous n'accroîtrez la production alimentaire que d'une manière imperceptible. Dans les pays soumis à une culture moins perfectionnée, l'accroissement sera sans doute plus considérable, mais il ne sera jamais en rapport de la population, celle-ci s'élevant, comme on sait, en proportion géométrique, tandis que l'autre ne s'élève qu'en proportion arithmétique.

On a vu des populations se doubler en vingt-cinq ans : d'où il suit que la France pourrait compter soixante-dix millions d'habitants dans le même espace de temps; cent quarante en cinquante ans ; deux cent quatre-vingts dans soixante-quinze; cinq cent soixante dans cent ans et plus: d'un milliard dans cent vingt-cinq ans. Les hommes les plus confiants dans le progrès agricole, les membres les plus candides des comices espèrent-ils une fécondité capable d'alimenter , nous ne dirons pas ce dernier nombre d'individus, mais seulement le double de notre population actuelle?

Quant à l'expédient des émigrations, on ne peut concevoir que des esprits élevés comme lord Brougham et quelques autres publicistes anglais aient pu le faire entrer dans leurs systèmes économiques. On ne compte pas moins de 70,000 individus qui, chaque année, abandonnent la Grande-Bretagne pour aller vivre dans le Canada, et on n'a pas lu sans affliction que cette année même certains Anglais, qui se croient sans doute progressifs par excellence, avaient proposé de transporter deux millions d'Irlandais dans le nord de l'Amérique. Sans doute quand on est mylord, gentleman ou bourgeois, bien nourri, bien logé et bien habillé, il est facile de déporter le superflu d'une population embarrassante, mais reste à savoir si cette expulsion est aussi commode pour ceux qui la subissent que pour ceux qui la conseillent. Quant à nous, nous sommes persuadé que s'il fallait faire désigner par le sort ceux qui doivent vider les lieux, les partisans de l'émigration y regarderaient à deux fois avant de recourir à l'emploi de ce moyen barbare. Non seulement l'expédient est inhumain, mais on peut dire que la pratique en deviendra difficile. La civilisation pénétrant partout, la population étant excitée dans toutes les parties du monde, il sera bientôt impossible de jeter des masses d'hommes dans des pays où ils soient sûrs de trouver une existence plus supportable. Le publiciste ne doit pas se borner à regarder autour de lui; il ne doit pas s'arrêter au temps présent : il doit porter ses vues sur l'avenir et sur le monde entier. Qu'il s'enquière donc de ce qui se passe dans les autres États et il verra que partout la population augmente plus rapidement encore qu'en France :

En 1815 la monarchie autrichienne comptait 28,000,000 d'âmes; aujourd'hui elle en compte 40,000,000.

En 1816 la Prusse en comptait 10,600,008; à présent elle en compte 17,000,000.

En 1815 la Hollande et la Belgique en comptaient 5,270,000; actuellement elles en comptent 8,000,000.

En 1812 les États Germaniques en comptaient 14,000,000; dans ce moment ils en comptent 18,000,000.

En 1822 la Suisse comptait 1,855,000; aujourd'hui elle touche à 3,000,000.

Jadis la vie moyenne était calculée à 28, 30 ou 35 ans; aujourd'hui elle est calculée à 40, 45 et 48.

Si nous portons nos recherches sur des États plus éloignés de la France, nous trouvons que la population augmente partout :

La Norwège, s'accroît, par an, depuis 1845 de	1 30 p. %
Le Danemark	0 65
La Russie européenne qui comptait plus de 60 millions .	0 07
La Saxe	0 90
Le Hanovre	0 85
Le Wurtemberg	1 05
La Sardaigne	1 08
L'Angleterre, par les naissances	1 00
et par le recensement, à cause des immigrations d'Irlandais .	1 93
Les Etats-Unis	3 27

Ce dernier chiffre est dû aux immigrations qui dépassent 100,000 par an.

CHAPITRE II.

Doctrine de Malthus. — Divers recensements faits depuis 93 ans. — Augmentation des produits du sol en général. — Production stationnaire pour les céréales en particulier. — Terrains enlevés à leur culture.

Comme l'homme est un animal raisonnable, il s'ensuit qu'il raisonne; mais il ne s'ensuit pas qu'il raisonne toujours juste, d'autant plus qu'il est sujet à s'engouer, à s'effrayer ou à s'endormir. Il est résulté de cette triple disposition que les calculs de Malthus sur les probabilités d'un accroissement excessif de population, jetèrent d'abord l'effroi en Angleterre et en France. Les savants croyaient voir arriver bientôt le moment où les hommes seraient obligés à se dévorer *pour vivre*, ce qui aurait constitué un système économique plus désagréable encore que l'émigration ! Peu de temps après et par suite d'une réaction fort ordinaire, les savants se mirent à rire des calculs de Malthus et ils estimèrent qu'il n'y aurait jamais de surcharge dans la population. Aujourd'hui les savants devraient reconnaître que sans admettre l'accroissement illimité, il peut y avoir surcharge, mais le savant tient à son système: il n'avoue jamais son erreur passée, et il invente de superbes arguments pour la soutenir jusqu'au bout. C'est cette tendance qui a fait dire à Fourrier que la science obscurcissait toutes les questions ; c'est cette disposition qui portait Napoléon à détester l'idéologie. Sans doute il faut recourir aux données de la science, mais il ne faut pas adopter de systèmes exclusifs ; il faut consulter les hommes pratiques, interroger les faits et se garder de l'opiniâtreté, de l'invariabilité dont les esprits médiocres se vantent comme d'une honorable fidélité à leurs principes. Qu'ont produit d'utile les hommes à idées fixes ? Quels fruits a porté l'intelligence de Charles x sous la Restauration, et l'expérience de Lafayette sous le régime nouveau ?

Or, selon Malthus, la population devait doubler en 25 ans, et les effets ultérieurs de ce doublement devaient être exactement représentés par la progression géométrique 1, 2, 4, 8, 16, 32, 64, 128, 256, etc., d'un autre côté la fertilité de la terre, en supposant qu'elle progressât toujours, suivait la progression arithmétique 1, 2, 3, 4, 5, 6, 7, 8, 9.

De ce que les faits n'ont pas justifié les prévisions de l'économiste anglais, ils ne s'ensuit pas qu'elles soient sans fondement et qu'elles ne puissent un jour se réaliser en partie. Ce qui se passe sous nos yeux est même un commencement de réalisation, et si une loi inconnue de la Providence ne vient arrêter le mouvement progressif, nul doute que la réalisation ne puisse être complète dans un temps donné.

Nous avons dit qu'on s'était d'abord effrayé des tableaux de Malthus, et qu'après s'en être effrayé on en avait beaucoup ri. Ainsi va le monde, ainsi se vérifie l'allégorie de Jean qui pleure et Jean qui rit : heureux quand il y a plus de rires que de pleurs. Aujourd'hui les hommes qui réfléchissent ne versent pas de larmes, mais ils ne laissent pas que d'entrevoir l'avenir avec quelque inquiétude, et déjà l'on cherche des palliatifs et des remèdes, preuve évidente que le mal commence à se faire sentir.

On comptait : en	1754—	Selon Mirabeau père. . . .	18,000,107
	1772—	Selon Buffon.	21,642,777
	1772—	Selon l'abbé d'Expilly . . .	22,014,357
	1785—	Selon Necker.	24,676,000
	1787—	Recensement officiel	26,800,000
	1791—	Sous l'assemblée constituante	26,363,074

On comptait : en	1798—	Selon M. de Prony.	26,048,254
	1799—	Selon M. Depere.	28,810,694
	1815—	Suivant le traité de paix. . .	29,256,100
	1820—	Calculs administratifs	30,451,543
	1827—	Recensement officiel.	31,851,545
	1832—	id. id.	32,560,934
	1833—	id. id.	32,746,946
	1842—	id. id.	34,194,875
	1846—	id. id.	35,400,486

Ce tableau ne laisse aucun doute sur la progression incessante de la population, progression qui a résisté à des guerres longues et acharnées, à l'émigration et au choléra. Il suffit de le méditer pour se convaincre qu'avant peu d'années, malgré guerres et épidémies, la France en sera surchargée, surtout si portant nos regards vers les productions alimentaires, nous acquérons la triste persuasion qu'elles n'augmentent pas dans la même proportion.

Sans doute, depuis la révolution de 89, la terre, par suite de sa division, produit en masse beaucoup plus que ce qu'elle ne produisait, mais on serait dans l'erreur si on croyait qu'elle produit beaucoup plus de blé. Les premiers cultivateurs qui ont introduit des cultures nouvelles, telles que navette et garance , ayant réalisé de grands bénéfices , beaucoup d'autres ont voulu les imiter et ont abandonné les céréales. A cette tendance spontanée se sont jointes les exhortations des agriculteurs de cabinet, qui étudient l'agriculture dans le jardin du Palais-Royal et qui s'enquièrent des besoins du peuple dans le faubourg de la Chaussée-d'Antin. Ils ont écrit dans leurs feuilles , ils ont proclamé dans leur société royale , composée de citadins parisiens, qu'il n'y avait rien de plus absurde que de vouloir faire produire à la terre du froment ou du seigle. Dès ce moment, les cultivateurs lettrés, les agronomes ont commencé à faire de l'opposition aux céréales; ils ont traité de stupide le paysan qui rendait quelque culte à la *blonde Cerès*, et peu à peu le sol français s'est couvert de vignobles, de navettes, de garance, de chardons à fouler et de betteraves à sucre.

D'un autre côté, les grandes routes élargies, les chemins vicinaux percés et agrandis, les canaux, les voies ferrées, les immenses usines se multipliant partout, ont enlevé de vastes et féconds terrains à l'agriculture. Les grands esprits se riront des chétives remarques d'un homme qui veut économiser des bouts de terrain comme les bonnes femmes économisent des bouts de chandelle. Aujourd'hui surtout on est prodigieusement rétrograde quand on parle d'économie, et chacun pour se faire des partisans propose des dépenses nouvelles ; aussi les demandes de crédit se multiplient sans cesse ; le gouffre s'élargit ; chaque ministère y jette une portion de la fortune publique comme pour attester son amour du progrès et sa générosité. Plutôt que de passer pour stationnaire, on achète des oiseaux et des hommes en cire, on crée dans toutes les bonnes villes des cours que personne ne suit ; demain il faudra indemniser les maîtres de poste comme si l'industrie n'avait pas ses chances ; bientôt il faudra indemniser les colons comme si depuis les déclarations de la Constituante ils ne savaient pas que l'homme noir ou blanc n'est pas une marchandise. Bernardin de Saint-Pierre se plaignait déjà, il y a soixante-cinq ans, du gaspillage des terrains. On dira sans doute que Bernardin de Saint-Pierre n'était pas progressif, mais il n'en est pas moins vrai qu'il fut l'auteur des *Études de la nature* et le penseur le plus ingénieux de son temps.

Sans doute, il faut des voies de communication comme il faut des arsenaux industriels, mais il est bon de signaler ce que l'agriculture a perdu afin de ne pas laisser subsister trop d'illusions sur la prétendue augmentation des céréales.

Voici l'étendue de nos routes en France :

Routes royales.	34,290	kilomètres.
id. départementales.	42,736	id.
id. à l'état d'entretien . . .	29,698	id.
id. communales classées . .	52,975	id.
TOTAL . . .	159,699	kilomètres.

Dans l'ancien régime il n'existait pas plus de 24,000 kilomètres de routes construites par Louis XIV et par Louis XV ; aujourd'hui nous en avons 159,699, c'est-à-dire 135,699 de plus. En supposant que ces nouvelles voies aient dix mètres en largeur moyenne, elles auraient enlevé à l'agriculture 135,699 hectares qui, à raison de 10 hectolitres, donneraient 1,356,990 hectolitres.

En admettant que les 24,000 kilomètres de routes anciennes aient été élargies de 4 mètres, cette opération a enlevé à la culture 9,600 hectares ou 96,000 hectolitres de grains.

Nos chemins de fer ont déjà une étendue de 4470 kilomètres; en supposant que leur largeur moyenne soit de 30 mètres, ils nous enlèveraient 13,410 hectares produisant 134,000 hectolitres.

L'ancien régime ne comptait pas plus de 1,137 kilomètres de canaux. Il en a été construit récemment une longueur de 2,460 kilomètres, auxquels on peut attribuer une largeur moyenne de 30 mètres, ce qui prive encore la culture de 7,380 hectares ou soit 73,800 hectolitres.

D'après les documents administratifs il existe en France deux millions d'hectares complantés en vignes. Si on admet que la culture de la vigne a été doublée depuis l'ancien régime, c'est encore un million d'hectares enlevées aux céréales ou soit 10,000,000 d'hectolitres.

Nous ne sommes pas aussi riches en prairies que nous devrions l'être, et cependant depuis l'établissement d'un assez grand nombre de canaux d'irrigation, elles se sont étendues d'un huitième ou soit de 500,000 hectares. On dit à satiété que les pâturages augmentent les récoltes de blé en permettant d'avoir plus de bestiaux et par conséquent plus d'engrais; c'est une vérité incontestable surtout à l'égard des fourrages intercalaires, mais il n'en est pas moins vrai que jusqu'à présent l'augmentation des bestiaux et de leurs engrais est si imperceptible que ce n'est pas le blé qui en profite et qu'ils suffisent à peine à féconder les prés eux-mêmes, les jardins et les terrains consacrés aux cultures de choix. Les nouveaux prés ont donc enlevé encore aux céréales 500,000 hectares ou soit 5,000,000 d'hectolitres.

Nous sommes loin de blâmer les agriculteurs de tenter en dehors des céréales les essais qui leur paraissent utiles, et nous sommes d'autant moins disposés à les blâmer que nous savons que l'intérêt individuel fait bien connaître les besoins de la consommation, mais , à notre point de vue, il convient de constater que les céréales n'ont pas suivi la progression des autres produits du sol.

Voici le relevé des pertes de terrain qui affectent uniquement les céréales puisque les récoltes accessoires trouvent toujours leur place d'après les convenances du producteur.

Sur les routes nouvellement construites. .	1,356,990	hectolitres.
Sur l'élargissement des anciennes	96,000	id.
Sur les chemins de fer	134,000	id.
Sur les canaux.	73,800	id.
Sur les terrains convertis en vignobles. . .	10,000,000	id.
Sur les prairies permanentes	5,000,000	id.
TOTAL	16,660,790	hectolitres.

A ceux qui contrediront cette évaluation nous répondrons qu'elle est certainement au-dessous de la réalité. S'ils parcourent le centre et le nord de la France ils verront que la culture de la vigne a plus que doublé depuis trente ans. A l'appui de cette assertion , nous rappellerons ce qu'a dit M. de Gasparin dans la dernière séance solennelle de l'Académie des Sciences. Suivant lui, la baisse du prix des céréales de 1819 à 1827 a décidé les propriétaires du Midi à *planter en vigne la moitié de leurs plaines*. Si quelqu'un, disons-nous, pouvait contredire nos évaluations, nous leur rappellerions que dans cette même région de la France, les torrents étendent de plus en plus leurs ravages , que les montagnes se dénudent et que les bas-fonds se couvrent de leurs débris ; que d'un bout à l'autre du royaume les débordements répétés des fleuves et rivières enlèvent les plus féconds terrains, tandis que les chemins vicinaux, les innombrables usines , l'agrandissement des villes , les fortifications et mille autres ouvrages d'utilité ou d'embellissement occupent aussi des terres qui jadis produisaient beaucoup de blé.

Quant à nos chiffres , ils sont aussi approximatifs que possible , mais il serait déraisonnable d'élever une controverse minutieuse sur chacun d'eux , notre intention étant moins d'offrir au lecteur une statistique précise qu'une base de calcul pour arriver à la démonstration que nous cherchons. Si des objections pouvaient être faites sur quelque point, nous ferions observer qu'il y a toujours lieu de maintenir l'ensemble de nos données à cause de la modération des chiffres. C'est ainsi que nous avons porté le produit moyen d'un hectare seulement à 10 hectolitres, quoiqu'en France la moyenne soit de 12 ; c'est ainsi encore que nous n'avons pas estimé plus haut le produit des terrains occupés par les canaux qui, étant les plus riches de notre sol, pourraient être portés à 20 hectolitres. Nous avons préféré rester en-dessous de la réalité afin d'avoir une compensation à offrir pour le cas où l'on dirait que tous les terrains enlevés à l'agriculture ne l'ont pas tous été aux dépens des céréales.

CHAPITRE III.

Consommation et production actuelle des céréales.—Diverses autorités servant de base aux calculs.—Agmentation de population par l'excédant des naissances sur les décès.— Augmentation par les immigrations.

Au temps présent, la France exige pour sa consommation en céréales 155 à 156 millions d'hectolitres.

L'administration l'évaluait à 152 millions en 1818, époque où, comme aujourd'hui, un sévère avertissement venait de nous être donné. Depuis 1818, les besoins ont augmenté avec la population.

Voyons à présent ce que la France produit; et pour assurer notre point de départ, ne traitons pas cette question avec la légèreté habituelle des journaux; appuyons-nous sur diverses autorités, afin que l'arbitraire et l'incertitude aient la plus petite part possible dans ce travail.

Notre sol, d'après des renseignements généralement admis en administration, ne produit, année commune, que 153 millions d'hectolitres en grains de toute espèce.

D'après M. Gautier, auteur de la *Cérès française*, il produit 155,076,000 y compris également toute espèce de grains.

Selon feu M. Larregüy, préfet de la Charente, une récolte ordinaire en France est de 120 millions d'hectolitres, une récolte abondante est de 180 millions, et une récolte disetteuse peut se réduire à 40 millions.

M. Gautier, déjà cité, établit que la différence entre une bonne et une mauvaise récolte est de 24 millions d'hectolitres de froment seulement. Or, le froment, ne constituant pas le quart du total des céréales, il s'ensuit que la donnée de cet auteur se rapproche de celle du précédent, quoiqu'elle soit calculée d'après une autre base. C'est donc par ces différences notables, d'une récolte à l'autre, que s'explique la fréquente alternative de rareté et d'abondance que l'importation et l'exportation, que les faciles communications atténuent beaucoup aujourd'hui, et qui, dans les temps d'isolement, étaient plus remarquées et plus douloureuses. C'est l'alternative d'abondance qui fait dire au propriétaire que la France produit plus de blé qu'il ne lui en faut ; c'est l'alternative de rareté qui porte l'épouvante dans les masses. Ces opinions du moment, ne sont pas plus fondées les unes que les autres. Il ne faut pas que l'opinion des premiers nous endorme ; il ne faut pas que l'effroi des seconds nous fasse désespérer ; mais il faut que notre gouvernement avise, et tout ira bien.

Reste encore à produire l'opinion de M. de Gasparin, afin que personne ne suspecte le point de départ de cette discussion. Cet honorable pair s'est exprimé ainsi à la séance solennelle de l'académie des sciences :
« La France produit, année moyenne, une masse de subsistances de « toute espèce, qui atteint le chiffre des besoins de ses habitants; mais, « de loin en loin, la production présente un déficit qui compromet l'e« xistence des citoyens ou au moins leur santé, leur bien-être et la tran« quillité de l'État. »

Plus bas, ce savant agronome ajoute, après beaucoup de calculs :
« Nous avons dit que le déficit général pouvait être d'un huitième de « l'approvisionnement total de grains qui est de 75 millions d'hectolitres « de tous grains réduits à leur équivalent en froment, déduction faite « des semences et de l'avoine (la récolte d'avoine s'élève de 40 à 41 « millions d'hectolitres, et les semences en absorbent 24 millions). Ce « déficit sera donc de 9 millions et demi d'hectolitres. Mais nous avons

« dit qu'il pouvait se porter jusqu'à 29 centièmes de la récolte dans « certaines régions, et que ce n'était que par compensation entre « toutes les différentes parties du pays que nous le réduisons à 1/8. »

L'honorable pair, entrant ensuite dans les considérations des obstacles, des distances, de la cherté des transports, de l'égoïsme départemental exagérant ses besoins, des empêchements par force majeure, des paniques, établit en dernière analyse que le maximum du déficit doit être porté à 22 millions d'hectolitres.

Ainsi donc, d'après M. de Gasparin, comme d'après les précédents agronomes et statisticiens, la France ne peut se suffire à elle-même pour son alimentation, et ce n'est que par l'importation qu'elle parvient à satisfaire ses besoins. Nous en demandons pardon au progrès; mais, suivant nous, il est déplorable qu'une nation agricole et civilisée, soit obligée d'implorer le secours des Cosaques et des Égyptiens.

Il reste donc bien démontré, que malgré les progrès réels de l'agriculture, malgré l'augmentation dans le rendement des produits du sol français, la récolte des céréales n'a pas subi une augmentation sensible; et, d'un autre côté, nous voyons que la population a augmenté de près d'un tiers depuis le recensement de Necker fait en 1785. Sans doute, ce rapprochement nous autorise à dire que sans la facilité des communications, sans le commerce extérieur et sans la pomme de terre qui a pris une si grande part dans l'alimentation, la France aurait eu, depuis quarante ans, vingt famines partielles.

En consultant les tableaux de recensement de 1846, on voit que notre population augmente par deux causes: 1° par l'excédant des naissances sur les décès; 2° par les immigrations.

L'accroissement par les naissances a été plus grand que jamais, ce qui justifie la prévision de la proportion géométrique, et ce qui doit être un sujet de satisfaction pour ceux qui veulent le progrès en tout, le progrès *quand même!* Tous les départements, à l'exception de quatre, ont gagné de ce côté, depuis demi pour cent jusqu'à six pour cent dans la période de 1842-46. Les seuls qui, placés dans une exception inexplicable, ont perdu par l'excédant des décès sur les naissances, sont le Calvados, le

Lot-et-Garonne, l'Eure et le Var. Nous laisserons à d'autres le soin de faire connaître la cause de ce point d'arrêt dans quatre subdivisions du territoire aussi riches et aussi policées que les autres, et nous nous contenterons d'en tirer un argument contre ceux qui prétendent que l'augmentation de la population suit la richesse du pays. Les quatre départements que nous venons de citer, figurent parmi les plus fertiles et les plus favorisés, et pourtant ils ont perdu par les naissances, tandis que d'autres départements, moins féconds et moins riches, ont au contraire éprouvé une augmentation de population par l'excédant des naissances sur les décès. Ainsi le Cher a gagné 6 pour °/₀, la Haute-Vienne 5, 53/100 ; la Creuse 5, 35/100 ; et la Corse 5, 21/100. Ce simple rapprochement donne un nouveau démenti à une doctrine, suivant nous, démentie dès le temps des grandes émigrations qui ont amené la destruction de l'empire romain.

L'ensemble des tableaux du recensement nous démontre que dans la période 1842-46 tous les départements ont subi un accroissement de population par l'excédant des naissances sur les décès, en laissant de côté les quatre qui ont éprouvé une perte.

Outre cette cause d'accroissement, il en existe une autre de laquelle on a droit de se plaindre: c'est celle des immigrations. Sans doute, il faut accepter les conditions de notre nature et s'accommoder le mieux possible du surcroît de population indigène, mais s'il est permis aux nations de se donner des lois et d'écarter quand elles le peuvent toutes les causes d'embarras et de détresse, la France ferait un acte de haute prévoyance en mettant des entraves à l'envahissement pacifique de son sol par les étrangers.

L'accroissement résultant des naissances est, dans beaucoup de départements, inférieur à celui qui provient des immigrations. Ainsi, la Seine, qui n'a gagné que 2 pour °/₀ par les premières, a gagné 12, 44/100 par le recensement; les Bouches-du-Rhône, qui n'ont gagné que 0, 86/100 par les naissances, ont gagné 10, 39/100 par le recensement ; le Rhône, 2, 86/100 par les naissances, 8, 94/100 par le recensement, et le Var, qui a été en perte par les naissances, a pourtant éprouvé une augmentation de

7, 63/100. Trente quatre départements ont subi plus d'accroissement par les immigrations que par les naissances, quoique tous, à l'exception de quatre, aient également été augmentés par elles.

Paris compte plus de soixante mille Allemands qui viennent chercher leur subsistance dans notre capitale. Les Suisses abondent sur tout notre territoire et principalement à Lyon où il en réside quinze à vingt mille. Cinquante mille Génois ont fixé leur résidence à Marseille, et un nombre égal s'est répandu dans toute la France; les chantiers du nord, pour les grands travaux publics, sont composés en partie de Flamands, de Belges et d'Anglais; ceux du Midi, comptent plus de Piémontais et d'Espagnols que de Français, et si à tous ses envahisseurs qui viennent d'être énumérés, on ajoutait les réfugiés et les industriels de toutes les nations étrangères, on trouverait un nombre surprenant d'individus qui vivent sur le sol français aux dépens, on peut le dire, de nos travailleurs nationaux. Ces hommes, en général, plus patients et plus sobres que nos compatriotes, moins accoutumés aux superfluités, se contentent d'un moindre salaire et sont, pour ces motifs, préférés aux travailleurs du pays par les entrepreneurs et par les ingénieurs.

Sans doute, il est honorable pour la France d'être l'asile des persécutés, la grande hôtesse du genre humain, le refuge de la mendicité européenne, mais avant tout elle est mère et elle doit penser à ses enfants.

L'extrait ci-joint de la statistique des bagnes du royaume, au 1er janvier 1846, publié par le ministre de la marine, prouve à la fois le nombre considérable des étrangers de toute nation fixés en France, et l'inconvénient d'une résidence autorisée sans discernement. A l'époque ci-dessus, on comptait dans nos bagnes, 462 étrangers répartis ainsi : Autriche, 53; Bavière, 23; Duché de Bade, 23; Belgique, 41; Danemarck, 5; Deux-Siciles, 7; Duché de Luxembourg, 9; Espagne, 92; Etats-Romains, 12; Etats-Unis d'Amérique, 3; Grande-Bretagne, 19; Hanovre, 3; Hesse d'Armstadt, 4; Lucques, 1; Marroc, 5; Pologne, 5; Parme, 1; Prusse, 33; Saxe, 2; Suisse, 41; Toscane, 4; Tunis, 3; Wurtemberg, 8; Sardaigne, 51; Pays-Bas, 14.

La population totale des bagnes étant de 8,961, les étrangers y figurent pour un dix-huitième environ. Nous laissons au lecteur le soin de tirer de ces chiffres les conjectures qu'ils font naître.

Quand on demande que les étrangers soient exclus autant que possible de nos manufactures et de nos chantiers, on s'attend aux cris des chefs d'industrie ou des entrepreneurs d'agriculture , toujours disposés à se plaindre de la rareté des bras. Certes, notre population fût-elle double de ce qu'elle est, dans certains moments de presse on se plaindrait encore du petit nombre des travailleurs ; mais est-on admissible à élever de telles plaintes dans un pays où des chômages fréquents réduisent aux abois un million d'ouvriers ; dans un pays où, de tout côté, l'administration est obligée d'entreprendre de grands travaux pour donner du pain à une partie considérable du peuple, et où presque toutes les communes entretiennent des ateliers de charité ? Peut-on se plaindre de la rareté des bras quand la population augmente à vue d'œil et que le prix des subsistances s'accroît avec elle ! Il est des moments où les récoltes demandent des efforts simultanés : c'est ainsi que les riches vignobles de Lunel appellent, à un instant donné, les habitants des Cévennes ; c'est ainsi que le Jura apporte son aide à la Bourgogne ; c'est ainsi que les habitants des Hautes et Basses-Alpes viennent moissonner les belles céréales de la basse Provence ; c'est ainsi que la Normandie et la Beauce empruntent pour un moment les bras des Bretons et des Flamands ; mais ces mêmes contrées, chez qui la population est insuffisante pendant quatre mois, sont embarrassées de leurs habitants pendant huit mois. Il serait donc désastreux que ces raretés momentanées ne se fissent pas sentir, car leur absence attesterait un encombrement sans remède et une misère en permanence.

CHAPITRE IV.

De la rareté des bras.—De ses effets.—Elle est apparente et non réelle.
—A cet inconvénient on peut sacrifier les classes
pauvres.—Aveux des économistes.

Au sujet des grands travaux et des immigrations, s'élève la question de la rareté des bras. Les entrepreneurs trouvent que les bras sont rares, de même que les producteurs de blé trouvent que le blé est à bon marché. Si les gouvernants et les économistes adoptent de telles idées, il faut rayer les mots de philanthropie et de charité de notre vocabulaire ; il faut tout abandonner au hasard ; il faut laisser croître le paupérisme ; il faut surexciter la population ; il faut donner des primes d'immigration aux Irlandais, aux Piémontais et aux Allemands, afin d'avoir une grande abondance de bras au meilleur marché possible.

Pour nous, considérant avant tout l'intérêt des travailleurs, nous mettrons peu d'importance à l'inconvénient de la rareté des bras, si ce n'est à l'égard de la culture des terres. Cet inconvénient ne pèse en général que sur une classe qui peut sans doute éprouver quelquefois de la gêne, mais qui doit moins préoccuper la société parce qu'elle a les ressources de la propriété acquise ou du capital accumulé. Cette rareté des bras, résultant du déclassement des cultivateurs, du goût trop général pour les métiers, et de l'encombrement dans certains centres manufacturiers au détriment des pays agricoles, présente, il est vrai, des inconvénients qu'un système d'équilibre doit chercher à faire disparaître; mais, en fin de compte, le producteur sait bien faire payer sa production en raison des déboursés; il augmente le prix de ses produits si la main-d'œuvre augmente, et c'est, en définitive, le consommateur qui la supporte. La rareté des bras n'occasionne donc au producteur qu'une gêne momentanée, tandis que le surcroît de bras apporte au travailleur la douleur, l'impossibilité de vivre et le désespoir. La société doit, en conséquence, s'occuper du premier, subsidiairement dans l'intérêt de la richesse publique; et du second, dans l'intérêt des travailleurs, qui doit marcher avant tous les autres. Et, encore, s'il s'occupe du premier, c'est dans ses rapports avec la production agricole et industrielle, car en ce qui touche les chemins de fer, les fortifications et autres travaux publics, il importe moins de les exécuter dans un temps limité que de trouver en eux une ressource durable pour nos travailleurs français.

Les économistes modernes sont fort contents de leurs doctrines, fort contents de l'ordre social actuel et fort contents de l'avenir. En vérité, il est facile de concevoir leur contentement, puisque leurs doctrines les font arriver aux chaires et à l'Institut, où, retranchés, prêchant et dogmatisant, ils repoussent ceux dont la foi n'est pas assez robuste pour admettre tout ce qu'ils enseignent. On conçoit encore qu'ils soient très contents de l'ordre social, attendu qu'ils y occupent les meilleures places et qu'ils ne sont pas du nombre de ceux qui s'appauvrissent. Cependant, quelques-uns *des purs* n'ont pas fermé entièrement les yeux à l'évidence, et d'autres, ayant formé une école dissidente, ont fait entendre le cri de détresse. Parmi ces derniers, Sismondi, qui n'est pas seulement un écrivain ou un professeur, mais qui est un génie, a découvert la plaie des sociétés modernes, et donnant le signal d'alarme, sa parole élevée a retenti douloureusement dans l'âme des penseurs. M. de Villeneuve-Bargemont, plus moraliste qu'économiste, est entré dans ses idées, et M. de Lamennais a fait entendre sa voix lugubre, semblable à ces oiseaux effrayés qui, sur les grèves de l'Océan, poussent des cris déchirants aux approches de la tempête. Si les partisans du *laisser-faire* ont exposé le vaisseau social au naufrage en le laissant sans pilote et sans gouvernail, ceux que nous venons de citer, tout en voyant l'écueil, n'ont pas appris à l'éviter. Sismondi, avec ses hautes facultés, n'a proposé qu'une loi en vertu de laquelle les entrepreneurs seraient obligés de soigner et de nourrir les ouvriers à tous les âges de la vie; M. de Villeneuve n'a trouvé d'autre moyen pour prévenir les misères de l'humanité que de moraliser les populations; M. de Lamennais, après avoir porté le désespoir dans les âmes avec ses énergiques accents, n'a su conseiller que le travail et la résignation. Hélas! gardons le silence sur les conseils par égard pour les conseillers!..

Parmi les économistes étrangers, nous trouvons la même faiblesse dans les conclusions. Malthus, en posant le principe de la *multiplication indéfinie*, proclame le besoin de la contrainte morale, déclare la guerre aux affections domestiques, à la charité, à l'enfance et à la vieillesse. Lord Brougham et autres ne voient de remède à la multiplication de l'espèce que dans l'émigration par masses.

Dans la branche régnante de nos économistes si admirateurs, si enthousiastes de la marche que nous suivons, il en est pourtant, nous l'avons déjà dit, qui, à travers la fumée de l'encens qui brûle sur leurs autels, ont aperçu bien des difficultés, ont entendu bien des cris de détresse. M. Blanqui, tout en se reposant sur l'émancipation industrielle, s'arrête quelquefois pour douter et pour gémir. Ses bons instincts d'homme ne peuvent être étouffés par les doctrines du savant. *Nous avons émancipé le travail*, dit-il, *chose étrange! et sa condition, à beaucoup d'égards, est devenue plus rude et plus précaire.* Il n'ose pas non plus s'applaudir d'*un progrès qui multiplie les hôpitaux et les prisons autant que les palais.*

M. Rossi, qui, avec le précédent, est un des chefs de l'école, ne peut se faire illusion sur les embarras d'une population toujours croissante, et il examine avec naïveté les ressources du système préventif et les tempéraments de l'attrait physique. Il espère que l'éducation rendra les hommes beaucoup plus prudents dans leurs rapports avec le sexe , et il blâme les prêtres de pousser trop vivement à la multiplication par des conseils ou des excitations auxquels il semble qu'ils devraient rester étrangers plus que personne. M. Rossi se rassure un peu en pensant que les subsistances augmentent avec les bras ; il oublie sans doute que les Vandales et les Goths ne furent chassés de leur pays que par la faim ; il ne s'apercevait pas qu'au milieu des montagnes improductives de la Suisse la population croît à vue d'œil, sans que les subsistances augmentent et que cette petite république est contrainte de jeter ses enfants sur toutes les parties du globe ; il ne voit pas que la Belgique, si fertile, ne peut nourrir ses habitants. Sans doute, un pays dépeuplé et inculte comme l'Amérique, voit multiplier considérablement ses subsistances à mesure que des bras viennent cultiver ses plaines et défricher ses forêts ; mais un jour le point d'arrêt se présente comme il s'est présenté dans les pays que nous avons cités, comme il se présentera un jour en France. Peu confiant pourtant dans cette augmentation des produits du sol, M. Rossi en revient au *penchant conservateur, à la contrainte morale, aux moyens préventifs qui seuls peuvent nous sauver ;* il pense que l'instruction primaire, que les traités d'économie politique apprendront au peuple à ne pas faire plus d'enfants qu'il ne peut en nourrir, et il conclut en disant (page 400 de son cours), que *les salles d'asile et les caisses d'épargnes peuvent, à elles seules, changer la face de la société.* Hélas ! si tous les moyens de salut , si toute la perfectibilité humaine est dans les caisses d'épargne, il faut nous voiler la tête , nous incliner en fatalistes , et attendre dans la prière et l'immobilité les décrets de la Providence.

Nous n'examinerons pas ces enseignements de nos économistes. Il suffit de les énoncer pour que chaque lecteur les apprécie ; ils ne contiennent qu'un fait positif, savoir : que tous, école des économistes du *laisser-faire*, école des économistes sociaux , école des moralistes, entrevoient beaucoup d'embarras dans un avenir assez prochain.

Puisque M. Rossi , professeur, désapprouvait certaines excitations dont nous avons dit un mot, espérons que M. Rossi , ambassadeur, obtiendra du St-Siége des instructions secrètes pour qu'une réserve absolue soit imposée à tous ceux qui reçoivent de lui leur suprême direction. Nous n'attribuons pas plus d'empire aux influences excitatrices qu'aux influences modératrices : aussi nous leur conseillons de s'abstenir également, attendu que ces sortes de leçons n'ont rien de bien noble, qu'elles font quelquefois du mal, et qu'elles ne produisent aucun bien. Chez les païens une divinité présidait à la génération : le spiritualisme chrétien ne doit pas s'occuper de la matière, et l'économie publique doit se renfermer dans la production et la répartition de la richesse.

soit imposée à tous ceux qui reçoivent de lui leur suprême direction. Nous n'attribuons pas plus d'empire aux influences excitatrices qu'aux influences modératrices : aussi nous leur conseillons de s'abstenir également, attendu que ces sortes de leçons n'ont rien de bien noble, qu'elles font quelquefois du mal, et qu'elles ne produisent aucun bien. Chez les païens une divinité présidait à la génération : le spiritualisme chrétien ne doit pas s'occuper de la matière, et l'économie publique doit se renfermer dans la production et la répartition de la richesse.

CHAPITRE V.

Moyen de regagner le terrain perdu.—Augmentation de vingt millions d'hectolitres en céréales.—Politique surannée.—Application au sol de l'argent dépensé en expéditions, fortifications. —Folies de l'Angleterre et de la Russie.

Si l'idée d'économie pouvait entrer dans la tête de nos gouvernants, si chaque ministre, chaque préfet, chaque maire, chaque ingénieur n'aspirait à faire du grandiose aux dépens du contribuable, nous leur dirions qu'il faut économiser la terre plus encore que les écus, car les écus reviennent, tandis que la terre soustraite à la production est à jamais perdue. A l'appui de cette idée qui leur paraîtra très étroite et digne tout au plus d'un propriétaire cultivateur, non électeur et non éligible, nous offrirons l'aperçu suivant :

En donnant à nos routes 3 mètres de moins sur 215 mille kilomètres (y compris les routes non classées), nous regagnerions 64,500 hectares, produisant 645,000 hectolitres.

En adoptant pour les chemins de fer un système qui dispensât des excavations et des remblais, tel que le système atmosphérique ou des machines fixes à courroies de traction, on gagnerait au moins 20 mètres sur la largeur des voies ou 8,940 hectares, produisant 89,400 hectolitres.

Si les ingénieurs, moins préoccupés de leur amour-propre que des intérêts publics, eussent donné 10 mètres de moins en largeur aux magnifiques talus et chemins de halage qui bordent les canaux, ils auraient conservé à l'agriculture 24,600 hectares de terrain, donnant 246,000 d'hectolitres.

Si le gouvernement avait entrepris la canalisation ou l'endiguement des rivières, il aurait conquis à la France 100,000 hectares de terrain, produisant 1,000,000 d'hectolitres.

Si le gouvernement ouvrait des canaux d'irrigation, s'il construisait des barrages, s'il fesait des sondages artésiens sur les plateaux élevés qui ne peuvent jouir de la dérivation des rivières, il augmenterait les productions de toute espèce d'une quantité que nous traduirons approximativement en 10,000,000 d'hectolitres.

Total des céréales à gagner :

Sur les chemins de terre	645,000	hectolitres.
Sur les chemins de fer	89,400	
Sur les canaux	246,000	
Sur les rivières	1,000,000	
Par les irrigations	10,000,000	
	11,980,400	

Si la différence entre une bonne et une mauvaise récolte est de 24,000,000 ; si le maximum des déficits ne dépasse pas 22,000,000, ainsi que l'établit M. de Gasparin, on voit que les augmentations portées au tableau ci-dessus, pareraient à toutes les éventualités, feraient face à tous les besoins, attendu que les déficits notables ne se présentent que de loin en loin.

A l'aperçu des travaux que nous réclamons et que réclame le gros bon sens public, on objectera que nous sommes déjà bien assez écrasés par les impôts, bien assez embourbés dans le passif, dans les arriérés, dans les dettes consolidées et dans les dettes flottantes, pour nous lancer encore dans des travaux gigantesques.

On doit en effet renoncer à toutes ces améliorations si l'on croit qu'il faille persister dans l'esprit qui pousse le gouvernement à demander chaque jour de nouveaux crédits pour caresser certaines classes ou certaines localités ; à accorder des indemnités aux maîtres de poste, comme si les industriels ne devaient pas être exposés aux révolutions de l'industrie ; à augmenter les appointements, comme si les emplois n'étaient plus sollicités ; à créer des chaires, comme si nous n'avions pas d'imprimerie ; à élever partout de gigantesques fortifications, comme si nous retombions dans l'état permanent de guerre ; à bâtir autant de casernes que si Louis XIV n'en avait jamais fait ; à prodiguer l'argent aux artistes, comme le ferait un pays où les arts ne font que de naître ; à encourager les écrivains, comme si nous manquions d'écrivains ; à voir toujours la splendeur de la France dans la richesse de quelques-uns de ses représentants, et à ne pas voir sa force, sa stabilité dans la seule source de force et de stabilité : dans une intarissable production agricole qui fournit des aliments, qui donne des salaires et qui active l'industrie manufacturière.

Le sol français n'aurait-il pas atteint la perfection en défrichements, en dessèchements, en amendements, en irrigations, en endiguements, en communications, ne serait-il pas cultivé comme un jardin si, depuis trente ans, on lui avait appliqué les sommes incalculables dépensées en folles expéditions, en armements, en fortifications, en colonisations, en prodigalités de toute espèce qu'un gouvernement prend pour de la grandeur, et qui n'est que de la faiblesse et de l'imprévoyance. L'Espagne, la Grèce, l'Algérie, l'Océanie, l'Italie, ne nous rendront jamais les millions que nous avons dépensés pour elles ; leurs habitants ne se souviendront de nous que pour nous haïr ; tandis que si nous avions appliqué les mêmes sommes à notre territoire, nous aurions été remboursés au centuple en force et en richesses.

Quand nous fesons un tel reproche au gouvernement français, qu'on ne nous croie pas enclin, comme tant d'écrivains moroses, à rabaisser notre pays pour glorifier les autres. En se livrant à ces folles entreprises, à ces dépenses improductives, notre gouvernement n'a pas été plus imprudent, plus vain, plus barbare et plus routinier que les autres États.

L'Angleterre qu'on nous donne si souvent pour modèle, ne regarde jamais à l'argent quand il s'agit de ses Indes, de ses possessions d'Afrique, de ses possessions d'Amérique; elle fertilise le sol exotique, elle assure l'existence des peuples conquis; elle les traite en conquérante généreuse; mais s'il s'agit de l'Irlande, du tiers de la métropole, elle n'a ni argent ni entrailles; elle condamne son sol à la stérilité et ses habitants à la mort. Si depuis cinquante ans elle avait dépensé en Irlande ce qu'elle a disséminé seulement dans les mers du Sud, elle en aurait fait un des plus riches et des plus beaux pays du monde; elle aurait consolidé et éternisé sa puissance. Poussée par une aveugle émulation nationale, gouvernée, non en vue du peuple, mais en vue des grandes familles qui gagnent des grades dans les expéditions et de l'or dans les possessions lointaines, elle préfère ses colonies au sol national. Elle sera punie de ce crime! Un temps viendra où les colonies lui échapperont; le pouvoir usurpé par la force, l'obéissance à deux mille lieues de distance doivent tomber tôt ou tard. Les États-Unis se sont émancipés; chaque pays s'émancipera un jour, et les Anglais resteront enfermés dans leurs trois îles où ils expieront leur orgueil et leur forfaiture.

La Russie n'est ni plus sage ni plus prévoyante que la France et l'Angleterre : c'est un géant décharné qui, au lieu de prendre de l'embonpoint, s'agite sans cesse et étend ses grands bras pour atteindre au loin tout ce qu'il peut saisir. Sans ses folles expéditions, sans ses stupides conquêtes, elle serait aussi riche, aussi bien cultivée et aussi policée que les États centraux de l'Europe; mais ses Czars n'auraient pas reçu les titres de conquérants ou de triomphateurs; les familles aristocratiques n'auraient pas gagné des titres, des grades et des cordons. Considérons seulement leurs entreprises vers le Caucase : Pierre-le-Grand y pénètre en 1722 à la tête de cent mille hommes. Les sommes dépensées pour la ligne militaire de Tiflis, les postes fortifiés, les ponts, les forts détachés, sont incalculables. Elles se continuent sans résultat jusqu'en 1821. A cette époque la Russie tente de nouveaux efforts pour réduire les peuplades insoumises. Le général Langeron demande cent mille hommes pour les dompter, et il ne les dompte pas. En 1836 on reconnaît l'inutilité de ces mesures, et les ressources sont épuisées. Alors on entreprend la guerre contre les tribus comme nous la fesons en Afrique : on détruit le bétail, on anéantit les récoltes ; des bulletins pompeux se publient, des *Te Deum* se chantent, des croix et des grades s'obtiennent ; mais, malgré ces succès et peut-être à cause de ces succès, l'énergie des Caucasiens se réveille, des prophètes soulèvent les populations, la guerre sainte est déclarée aux Russes en 1840, la soumission est plus éloignée que jamais ; les commandants en chef sont remplacés à chaque instant ; l'empereur Nicolas se rend lui-même au Caucase ; il fait continuer ces expéditions sacriléges sans que sa présence les rende plus heureuses. Rien n'est encore fini, et la providence ne voudra pas que rien ne se finisse, car chaque peuple qui se défend chez soi devrait être sous sa protection. Chaque peuple qui se révolte contre une domination lointaine est dans son droit naturel, et tôt ou tard il doit triompher.

Personne ne pourrait calculer le sang versé dans le Caucase depuis 1722 ; personne ne pourrait évaluer l'argent qui y a été follement dépensé ; personne ne pourrait recueillir toutes les scènes de barbarie, toutes les atrocités qui s'y sont commises pour arriver à rien, si ce n'est à faire expier aux peuples la démence des grands !

Voilà pourtant la partie de la politique qui flatte tant les princes et les ministres : ils aiment mieux ruiner leurs sujets que de les enrichir ; ils chérissent tous le soldat, et ils aiment à engraisser de son sang les terres étrangères ; ils se piquent tous de pousser à la civilisation, et ils la portent au bout des baïonnettes et la font parler par la bouche du canon.

Voilà donc des peuples plus insensés que nous! Leur exemple ne nous excuse pas, mais leurs folies devraient nous faire ouvrir les yeux !

lité de ces mesures, et les ressources sont épuisées. Alors on entreprend la guerre contre les tribus comme nous la faisons en Afrique : on détruit le bétail, on anéantit les récoltes ; des bulletins pompeux se publient, des *Te Deum* se chantent, des croix et des grades s'obtiennent : mais, malgré ces succès et peut-être à cause de ces succès, l'énergie des Caucasiens se réveille, des prophètes soulèvent les populations, la guerre sainte est déclarée aux Russes en 1840, la soumission est plus éloignée que jamais; les commandants en chef sont remplacés à chaque instant ; l'empereur Nicolas se rend lui-même au Caucase ; il fait continuer ces expéditions sacrilèges sans que sa présence les rende plus heureuses. Rien n'est encore fini, et la providence ne voudra pas que rien ne se finisse, car chaque peuple qui se défend chez soi devrait être sous sa protection. Chaque peuple qui se révolte contre une domination lointaine est dans son droit naturel, et tôt ou tard il doit triompher.

Personne ne pourrait calculer le sang versé dans le Caucase depuis 1722; personne ne pourrait évaluer l'argent qui y a été follement dépensé ; personne ne pourrait recueillir toutes les scènes de barbarie, toutes les atrocités qui s'y sont commises pour arriver à rien, si ce n'est à faire expier aux peuples la démence des grands !

Voilà pourtant la partie de la politique qui flatte tant les princes et les ministres : ils aiment mieux ruiner leurs sujets que de les enrichir ; ils chérissent tous le soldat, et ils aiment à engraisser de son sang les terres étrangères ; ils se piquent tous de pousser à la civilisation, et ils la portent au bout des baïonnettes et la font parler par la bouche du canon.

Voilà donc des peuples plus insensés que nous! Leur exemple ne nous excuse pas, mais leurs folies devraient nous faire ouvrir les yeux !

CHAPITRE VI.

Envahissement pacifique de la France par les étrangers.—Embarras de l'Allemagne et de l'Angleterre.—Nécessité de faire des traités qui règlent les émigrations de nation à nation.—Moyens d'obvier à la rareté des bras ou de l'équilibre dans la population.

Nous avons dit plus haut que le recensement de 1846 constatait des immigrations incessantes et une espèce d'envahissement pacifique de la France par les étrangers. Il paraît que les vieilles sociétés ont entre elles des ressemblances, car il en fut de même à Rome sous l'Empire. Les étrangers pauvres l'envahirent pour s'y livrer aux travaux que dédaignaient les Romains, et, en particulier, à la culture des terres. Rome ne fut plus une nation, mais un amas confus de nations : des Thraces, des Dalmates et des Illyriens devinrent empereurs; la ville arriva, par les immigrations, à un tel agrandissement et elle obtint de tels droits, que ce fut une vraie tour de Babel, où il n'y eut plus moyen de s'entendre. Chez nous, les Suisses, les Piémontais, les Allemands ne deviennent pas empereurs ; le plus grand nombre se contente des bénéfices du trafic et du travail ; mais cependant, on compte parmi eux les plus puissants rois de la finance, et il est certain que chacun dans sa sphère vient dévorer la substance de nos nationaux.

L'introduction des nombreux étrangers qui avaient pacifiquement envahi l'empire, qui l'occupaient en amis, qui le ruinaient en complaisants, fut une des causes premières de destruction pour la puissance romaine : et si nos hommes d'État avaient le temps d'observer autre chose que les majorités, si nos législateurs avaient le temps d'observer autre chose que leurs électeurs, nous leur conseillerions d'observer ce mouvement qui porte tous les étrangers vers la France : c'est un sujet essentiel, quoiqu'il entre en discussion pour la première fois.

La France est le pays où l'étranger jouit de la plus grande liberté. Il peut y voyager, y commercer, y résider et emporter notre argent quand bon lui semble. Il peut même y conspirer si telle est sa fantaisie. Certainement la liberté produit de grands et beaux résultats, mais s'il ne faut pas que la légalité tue, il ne faut pas non plus que la liberté tue. D'ailleurs, si la France doit la liberté et la substance à ses enfants, ce n'est pas une raison pour qu'elle les doive à tout le genre humain.

Puisqu'il existe des traités qui règlent les droits réciproques d'exportation et d'importation pour les différents produits matériels des États contractants, il serait raisonnable qu'il en existât également pour régler les émigrations et les immigrations. Est-il juste que le Piémont, qui ne peut pas offrir des avantages de résidence à deux mille Français, nous envoie cent mille hommes ? Est-il juste que la Suisse, où nous n'allons guère que pour y visiter des glaciers et pour y dépenser notre argent, puisse se décharger sur nous de cinquante ou soixante mille consommateurs qui paient leur consommation avec nos écus ? Nous en dirons autant de presque toutes les nations voisines.

Rien de plus raisonnable qu'un czar cherche à avoir des bras pour cultiver un empire désert, que l'Amérique appelle des Européens auxquels elle peut livrer des terres sans valeur ; mais nous redirons ici ce que nous avons dit au sujet des routiniers qui veulent exciter la population parce qu'on l'excitait du temps de Colbert : aucun procédé de politique ou d'économie sociale n'est immuable, et tous doivent être accommodés aux temps et aux lieux. Les États qui ont attiré des étrangers chez eux avaient de bonnes raisons pour se conduire ainsi, puisque leur population ne suffisait pas à leur territoire, mais la France au XIXe siècle doit chercher à les écarter puisque le territoire suffit à peine à sa population.

L'Angleterre et l'Allemagne, dont les embarras commencent à être sérieux, devraient nous servir d'avertissement, si dans notre activité dévorante nous ne vivions au jour le jour. La première, cherchant à s'en soulager par les émigrations, a dirigé plus de cinq cent mille Anglais sur le Canada pendant les dernières années ; et la seconde, a jeté, pendant les quinze dernières, cent mille Allemands dans des colonies lointaines. Avant d'être obligés de déporter ainsi nos compatriotes, n'est-il pas préférable d'opposer une barrière à l'invasion étrangère? Jusqu'à présent la France est le pays d'où l'on émigre le moins : on ne compte encore que 4,000 émigrants par an, et c'est pour nous une raison de conserver cette supériorité sur les autres nations.

Nous dirons encore qu'il ne s'agit pas de repousser les immigrations par des mesures arbitraires ou contraires à l'humanité, mais de contracter avec les divers États des traités d'immigration et d'émigration suivant les intérêts réciproques et en établissant les compensations admises dans tous les traités internationaux, suivant les besoins et les convenances des nations.

La France, plus qu'aucune autre puissance peut, sans nuire à ses enfants, donner asile aux étrangers, puisqu'elle dispose d'une colonie voisine qui manque de bras. S'il est juste que le voyageur trouve l'hospitalité, il n'est rien de plus juste aussi que le maître de l'habitation lui désigne la place qu'il doit occuper.

Si en France nous avions un million d'étrangers de moins, nous aurions deux millions d'hectolitres de plus qui, joints aux 11 millions dont il a été parlé précédemment, feraient une augmentation de 13 millions.

Nous ne quitterons pas la question des immigrations sans indiquer les moyens de parer à la rareté des bras qui inspire de si vives inquiétudes aux entrepreneurs, ingénieurs et grands producteurs de toute espèce.

La seule rareté de bras dont les entrepreneurs et propriétaires puissent se plaindre, est celle que produisent les grands travaux publics en accaparant en quelque sorte les travailleurs et en les enlevant en masse aux occupations habituelles du pays. La société tout entière a le droit de s'en plaindre puisque, amenant des difficultés pour la production et un accroissement dans les consommations, elle occasionne un renchérissement des substances alimentaires. Il arrive aussi que les mêmes effets sont produits par l'établissement des industries particulières qui enlèvent les cultivateurs aux champs et qui font hausser les salaires jusqu'à ce que des immigrations les fassent tomber et viennent occasionner l'encombrement dans les manufactures et la désertion des campagnes.

Ces divers cas, déterminant le cultivateur à quitter ses habitudes, amènent l'abandon d'une contrée et la concentration sur une autre de nombreux étrangers qui composent une population factice, mobile, vagabonde, sans lien, sans crédit, exposée à la honte de la mendicité dès la moindre suspension de travail.

L'abandon de la culture par la classe des cultivateurs, le mépris de l'état de paysan par le paysan, sont un des inconvénients les plus graves pour l'ordre social. Rome, gâtée par le luxe et par une fausse direction dans les mœurs, avait vu ses terres abandonnées par les cultivateurs. Le déplacement provient de deux causes : 1° de l'instruction primaire qui, n'étant pas encore générale, donne aux jeunes gens une idée exagérée de leur mérite et leur fait regarder comme indigne d'eux le métier dans lequel l'écriture et la lecture servent de peu de chose; cette cause n'est que temporaire : quand tout le monde saura lire et écrire, chacun verra que la lecture et l'écriture donnent les moyens d'acquérir la science mais ne constituent pas la science ; 2° ce déplacement provient aussi des intermittences dans les travaux champêtres, intermittences qui s'observent, comme nous l'avons dit, même dans les contrées où les bras deviennent rares pendant certains travaux.

De cette tendance à quitter l'agriculture pour l'industrie, il résultera qu'à l'avenir les ouvriers, entassés dans certains centres manufacturiers, n'auront plus qu'une existence difficile et précaire, tandis que les terres, manquant d'une bonne culture, ne pourront donner leurs produits qu'à un prix très élevé.

Pour obvier à une tendance aussi funeste, il faudrait décentraliser l'industrie dans le but de l'allier avec la culture ; et pour atteindre ce but, il n'existe qu'un moyen qui consisterait à créer des ateliers communaux permanents d'après le système développé dans un ouvrage intitulé de la *Richesse publique.*

Ces établissements industriels, calculés, quant à leur nombre et à leur importance, sur les besoins de chaque pays, seraient constitués de manière à fournir du travail lorsque les occupations champêtres sont suspendues. De là naîtrait l'alliance de l'agriculture et de la manufacture ; de là naîtrait l'équilibre dans l'activité nationale. Les travailleurs assurés d'être aussi bien placés dans leur pays natal que dans tout autre, n'abandonneraient pas leur famille et leurs habitudes pour aller grossir ces rassemblements disproportionnés d'ouvriers, où ils espèrent trouver des avantages et d'où souvent ils sont repoussés par l'encombrement des bras et des marchandises.

Ces ateliers communaux s'opposeraient naturellement à l'abandon des pays agricoles et à la rareté des bras qui peut mettre un jour la culture aux abois. Les travaux habituels ne seraient jamais en souffrance par le fait seul de cette institution, dont tous les autres avantages ne peuvent être exposés ici.

Quant aux travaux extraordinaires, ils porteront toujours un préjudice notable à l'agriculture; ils occasionneront constamment une perturbation dans le prix de la main-d'œuvre ; ils produiront inévitablement des coalitions ; ils susciteront perpétuellement des plaintes tant qu'ils ne seront pas exécutés par une partie de l'armée. Certainement cette idée n'est pas nouvelle, mais elle a été jusqu'ici traitée avec si peu de succès sous le point de vue pratique, qu'on nous permettra de la soumettre de nouveau à l'examen des lecteurs.

Pour obvier à une tendance aussi funeste, il faudrait décentraliser l'industrie dans le but de l'allier avec la culture; et pour atteindre ce but, il n'existe qu'un moyen qui consisterait à créer des ateliers communaux permanents d'après le système développé dans un ouvrage intitulé de la *Richesse publique*.

Ces établissements industriels, calculés, quant à leur nombre et à leur importance, sur les besoins de chaque pays, seraient constitués de manière à fournir du travail lorsque les occupations champêtres sont suspendues. De là naîtrait l'alliance de l'agriculture et de la manufacture; de là naîtrait l'équilibre dans l'activité nationale. Les travailleurs assurés d'être aussi bien placés dans leur pays natal que dans tout autre, n'abandonneraient pas leur famille et leurs habitudes pour aller grossir ces rassemblements disproportionnés d'ouvriers, où ils espèrent trouver des avantages et d'où souvent ils sont repoussés par l'encombrement des bras et des marchandises.

Ces ateliers communaux s'opposeraient naturellement à l'abandon des pays agricoles et à la rareté des bras qui peut mettre un jour la culture aux abois. Les travaux éventuels ne seraient jamais en souffrance par le fait seul de cette institution, dont tous les autres avantages ne peuvent être exposés ici.

Quant aux travaux extraordinaires, ils porteront toujours un préjudice notable à l'agriculture: ils occasionneront constamment une perturbation dans le prix de la main-d'œuvre; ils produiront inévitablement des coalitions; ils susciteront perpétuellement des plaintes tant qu'ils ne seront pas exécutés par une partie de l'armée. Certainement cette idée n'est pas nouvelle, mais elle a été jusqu'ici traitée avec si peu de succès sous le point de vue pratique, qu'on nous permettra de la soumettre de nouveau à l'examen des lecteurs.

CHAPITRE VII.

Affectation des troupes aux travaux pour parer aux immigrations et au déplacement de la population.—Manière d'envisager cette question mal discutée jusqu'à ce jour.

Cette question a été, pendant les dernières années, le sujet d'assez nombreuses controverses, sans qu'il en soit sorti une solution nette et précise. M. Michel Chevalier l'a traitée à fond dans son cours d'économie politique, en s'appuyant sur les traditions historiques plutôt que sur une analyse exacte de nos mœurs et de la position actuelle des militaires dans notre état social.

En général, les militaires ont repoussé le travail avec l'esprit exclusif de leur profession et avec l'opiniâtreté des vieilles habitudes. Les écrivains civils ont apporté dans la discussion l'absolutisme des esprits qui n'envisagent les idées que d'un seul côté. Les premiers, ont vu dans le travail obligatoire la perte de l'esprit militaire, de la discipline, de la tenue, de l'instruction, de l'insouciance qui fait affronter les dangers. Les seconds, soutiennent que dans un siècle de paix les soldats doivent être producteurs, que le travail manuel les endurcirait à la fatigue, que le temps passé au service ne serait plus perdu ni pour eux ni pour la société, que le gain les rendrait économes, que l'armée devrait être professionnelle, en quelque sorte même, une école ambulante des arts et métiers. Ils allèguent l'exemple des armées romaines appliquées si souvent à la confection des voies militaires, comme si une nation dans laquelle tout homme est soldat pouvait se comparer à une société où les militaires ne forment qu'une classe restreinte. Ils donnent pour exemple les confins militaires de l'Autriche, l'armée *indelta* de la Suède, la Landwer prussienne, comme si les mœurs des États absolus ressemblaient à celles des États despotiques. Ils nous rappellent enfin la collaboration que nos régiments ont prêtée à nos fortifications, comme si nous ignorions à quels avantages s'est réduite cette collaboration.

Quand on étudie cette question avec une préalable initiation aux mœurs militaires et aux exigences d'une époque industrielle, on s'aperçoit que les militaires ne sont pas économistes et que les économistes ne sont pas militaires.

Ayant été amené à parler de la rareté des bras dans ses rapports avec les subsistances, nous allons présenter quelques vues nouvelles sur l'affectation des troupes aux travaux, sans rapporter les arguments qui, jusqu'à présent, ont été entassés de part et d'autre.

Les militaires ont raison de croire que l'élan, le point d'honneur, la témérité n'existeraient pas dans des hommes habitués à se considérer comme des artisans. En effet, c'est une croyance qui fait l'homme, c'est une idée qui fait l'esprit de corps. Le militaire n'est pas d'une autre nature que les autres, et s'il s'expose plus facilement aux dangers et à la mort, c'est parce que tout le prédispose au mépris de la vie. Le récit des hauts faits, les contes de chambrée, les jactances des camarades, les propos de salles d'armes, fruits d'une demi oisiveté, éveillent chez lui l'amour de la gloire et l'espoir d'avancement. C'est ainsi que se fait l'éducation morale du soldat; mais s'il vient à changer de genre de vie, s'il ne rêve plus qu'à devenir un bon ouvrier, s'il se livre à des calculs d'argent au lieu de se laisser aller aux rêves de gloire et d'avancement, l'idée dominante change de but, la croyance s'évanouit, et avec elles le soldat et l'esprit de corps s'évanouissent aussi.

D'un autre côté, n'est-il pas déplorable que trois cent mille hommes passent sept ans de leur vie à apprendre le maniement du fusil, et deviennent presqu'impropres au travail qui leur est indispensable? N'est-il pas triste de penser que l'état financier doit être forcément obéré par les armées? Jadis, on disait que les guerres ruinaient les nations, mais aujourd'hui la paix coûte plus cher que la guerre. Une situation aussi contraire à la raison et aux intérêts des peuples, peut-elle subsister longtemps? Non, il faut qu'elle finisse, sous peine d'avouer que les sociétés modernes valent moins que le vieil état social où les gouvernements sages thésaurisaient en temps de paix, où les hommes se soumettaient à l'ordre sans le secours d'une formidable armée; il faut que cette situation finisse sous peine de voir s'accroître notre déficit avec une rapidité surprenante, de recourir chaque année à des emprunts, d'user les ressorts du crédit et de ne plus pourvoir un jour aux dépenses publiques sans recourir aux violences; il faut que cet état finisse ou que nous succombions.

Pour ceux qui se contentent de vivre au jour le jour, rien de plus simple que de faire payer aux contribuables un million par vingt-quatre heures pour que des soldats veillent à notre sûreté; mais pour le publiciste qui porte ses regards dans l'avenir, il est désolant de penser que l'ordre public coûte si cher. Sans doute, tout sacrifice devrait être accepté si les attentats et le trouble civil devaient résulter d'une diminution de la force armée: tout bienfait social, tout progrès, toute instruction, toute richesse émanent de la paix intérieure; tout retour à la barbarie, toute décadence de l'esprit humain ne peut désormais provenir que de l'anarchie. Mais, d'un autre côté, il ne faut pas perdre de vue que les États modernes, fondés sur le crédit, ne peuvent vivre que par lui. Dès le jour où ils ne pourront plus suffire à leurs dépenses, dès le jour où les emprunts deviendront impossibles et où les impôts équivaudront à une spoliation, il faudra qu'ils périssent. Cruelle alternative de ne vivre que par l'armée ou de périr à cause de l'armée!

Or, s'il est téméraire de diminuer l'armée permanente, si, d'un autre côté, son intervention dans les travaux doit nous débarrasser de l'inconvénient des immigrations, si l'état d'ouvrier porte atteinte à l'esprit militaire, il faut proposer un moyen qui pare à des inconvénients si préjudiciables à la société.

Tous les hommes, variant d'organisation et de goûts, il faut utiliser cette diversité de tendances en établissant deux catégories distinctes de militaires. Chaque jour on voit des jeunes gens de bonne famille, des fils d'anciens officiers, des étudiants, des praticiens qui s'engagent volontairement, et offrent à l'armée une ressource précieuse d'instruction. Qui pourrait méconnaître que ces engagements cesseraient s'il s'agissait pour ces jeunes gens de passer leur vie à manier la pioche ou à traîner une brouette? Il est aussi beaucoup de fils de cultivateurs ou d'artisans qui s'engagent pour se soustraire aux travaux de leurs pères. Qui nierait encore que ces jeunes gens, presque toujours excellents soldats, fidèles au drapeau jusque dans leurs vieux jours, ne fussent également détournés de leur vocation militaire?

Le parti le plus sage, serait de transformer le tiers ou la moitié de l'armée (suivant les besoins) en régiments de travailleurs, organisés à peu près comme nos régiments du génie; ils recevraient tous les jeunes gens qui ont un métier, qui tiennent à l'exercer et qui ont plus de goût pour la vie d'atelier que pour la vie de caserne. Ces corps ne seraient pas moins utiles en temps de guerre, tous n'ayant pas à l'armée un rôle aggressif, tous n'ayant pas besoin d'élan, de légèreté, d'emportement. Les régiments de travailleurs seraient plus particulièrement destinés à défendre les places, à faire et à garder les retranchements, à ouvrir les tranchées et à former le centre des corps d'opération. En même temps que ces régiments rendraient de grands services par leur aptitude au travail, les régiments purement militaires trouveraient en eux-mêmes une double émulation, un double élan, un double esprit de corps et une double valeur par l'effet même de leur composition exclusivement guerrière.

La simplicité d'une telle organisation étant admise, nous allons expliquer en quelques mots quel serait le rôle, quels seraient les avantages des régiments de travailleurs en temps de paix.

A la demande des ingénieurs de l'État ou des entrepreneurs civils, le ministre de la guerre dirigerait sur les grands chantiers les compagnies, les bataillons ou les régiments nécessaires. Les villes de fabrique qui souffriraient de la rareté des bras appelleraient également ces utiles auxiliaires dont l'esprit et la discipline offriraient toute garantie, et dont la coopération assurée pour les grandes entreprises de chemins de fer ou de canaux empêcheraient que les cultivateurs ne fussent enlevés à l'agriculture, et que les bras des étrangers fussent indispensables à nos travaux.

Nous bornant à proposer l'idée, nous ne voulons pas fatiguer le lecteur par des détails d'exécution, de discipline ou d'administration, qui ne seraient pas bien placés dans cet écrit. Il nous suffit d'avoir donné le moyen d'obvier au défaut d'équilibre des bras par la faculté de diriger des hommes capables sur les points où leur présence serait utile, et de repousser ainsi les étrangers qui viennent dévorer nos subsistances, qui nous surchargent d'un excédant de population, qui aggravent nos embarras et qui altèrent à notre insu le sentiment national. Pour l'administration de ces corps militaires-industriels, nous nous bornerons à dire ici que dès le jour où un détachement se rendrait à l'atelier, la journée de chaque homme serait payée suivant le taux ordinaire, afin que le budget de l'État se trouvât déchargé de la solde d'une moitié de l'armée et qu'il restât encore à chaque homme un salaire convenable.

Cet écrit se résume dans les faits et les propositions qui suivent :

1° Notre population augmente par l'excédant des naissances sur les décès et par la prolongation de la vie moyenne. La première cause de cette augmentation est moins grande et moins alarmante que dans d'autres États.

2° Notre population augmente plus par les immigrations que par l'excédant des naissances sur les décès.

3° La production des céréales n'a pas augmenté en proportion de la population et des autres produits, si toutefois même elle a augmenté.

4° Les grands travaux détruisent l'équilibre de la population et produisent, au détriment de l'agriculture, une rareté de bras qui n'est qu'apparente et momentanée, mais qui n'en est pas moins dommageable.

Pour obvier à ces inconvénients il faut :

1° Se garder de stimuler la population ; mettre un terme aux immigrations par des traités internationaux, et diriger sur l'Algérie les étrangers auxquels nous devons un asile.

2° Augmenter la production des céréales en restituant à l'agriculture le terrain qui n'est pas strictement nécessaire aux voies de communication et autres constructions, et en fesant sur notre sol toutes les améliorations qu'enseigne la science.

3° Mettre un terme aux dépenses de fortifications, de monuments, de collections superflues; renoncer aux envahissements, aux colonisations, en empêchant toutefois que les autres puissances n'en fassent, et contracter de gré ou de force avec toutes les nations des traités de commerce qui nous assurent des débouchés. Le déploiement de la force ne peut se justifier de nos jours que dans ces deux cas comme dans celui de la légitime défense.

4° Obvier à la rareté momentanée des bras en dirigeant, en temps opportun, des corps militaires-industriels sur les points où les travaux ne peuvent être exécutés par la population.

La société trouve dans ces combinaisons l'avantage de se suffire à elle-même pour la production industrielle et alimentaire.

Les ouvriers y trouvent l'avantage d'avoir toujours du travail, d'obtenir des salaires moins disputés, et de ne pas perdre dans une année disetteuse leurs économies, leur santé, leur dignité.

Les propriétaires y trouvent la sécurité et l'équilibre des bras. Loin d'avoir une baisse trop considérable à craindre en produisant beaucoup plus de céréales, ils créent un marché français pour cette denrée, et ils s'assurent pour l'avenir des débouchés constants qui l'empêchent de s'avilir : « Ce n'est qu'après avoir fait de grands efforts, dit M. de Gasparin, que l'Angleterre a été forcée de reconnaître son impuissance à se nourrir avec le produit de son sol...... son importation va donc devenir régulière. » Ainsi avec des acheteurs à nos portes, non seulement pour l'Angleterre mais pour les États voisins, dont la population augmente dans des proportions inattendues, nos blés ne courent jamais risque d'arriver à une forte dépréciation. Ce n'est plus là qu'est le danger!

FIN.

www.ingramcontent.com/pod-product-compliance
Lightning Source LLC
Chambersburg PA
CBHW061319050726
47594CB00004B/1798